Lukas Bärfuss
Öl

Lukas Bärfuss

Öl

Schauspiel

WALLSTEIN VERLAG

Für Kaa

Hic sunt leones

Personen:

Eva Kahmer
Gomua
Herbert Kahmer
Edgar Bron
Elsa Danzig

Ort: *Ein Zimmer im Untergeschoss*
eines Hauses am Rande der Stadt Beryok,
wo genau, weiß nur der Teufel.

Mitarbeit:

Stephan Kimmig

EINS

ELSA Hörst du.

EVA Nichts. Doch. Warte. Ich glaube, da ist etwas.

ELSA Etwas.

EVA Ja.

ELSA Was ist es.

EVA Ich weiß nicht. Es ist zu dunkel. Da. Da sind Leute.

ELSA Wie viele.

EVA Ich weiß nicht. Viele.

ELSA Was tun sie.

EVA Sie schweigen. Und sie scheinen etwas zu betrachten.

ELSA Was ist es.

EVA Ich. Ich weiß nicht. Vielleicht.

ELSA Ja.

EVA Vielleicht einen Menschen.

ELSA Einen Menschen.

EVA Ja. Jemand wird präsentiert, glaube ich. Oder vorgeführt.

ELSA Wer ist es.

EVA Keine Ahnung. Jemand von Bedeutung.

ELSA Hast du Angst.

EVA Das ist nicht gut.

ELSA Du hast Angst.

EVA Ich will weg.

ELSA Du kannst nicht weg.

EVA Was soll das.

ELSA Du bleibst hier, hörst du, du bleibst hier.

*　*　*

Eva   Wie spät.

Gomua   Gerade acht Uhr.

Eva   Morgens.

Gomua   Abends.

Eva   Und ich bin immer noch hier.

Gomua   Ja.

Eva   Habe ich geschrien.

Gomua   Undeutlich.

Eva   Wie.

Gomua   Ratten. Dreckskerle. Ihr kriegt mich nicht.

Eva   Da waren Leute. Haben mich angeglotzt. Gehustet und geglotzt. Und da war noch jemand.

Gomua   Ein Traum.

Eva   Mein Mann.

Gomua   Ja.

Eva   Hat er angerufen.

Gomua   Ja.

Eva   Und.

Gomua   Er verspätet sich ein wenig.

Eva   So.

Gomua   Um ungefähr eine Woche.

Eva   Eine Woche.

Gomua   In dieser Größenordnung.

Eva   Also kein Öl.

Gomua   Nein.

Eva   Immer noch kein Öl.

*　*　*

Eva   Still.

Gomua   Wie.

EVA   Was war das.

GOMUA   Wie.

EVA   Da war ein Geräusch.

GOMUA   Ich habe nichts gehört.

EVA   Da war ganz bestimmt ein Geräusch.

GOMUA   Vielleicht ein Tier.

EVA   Ein Tier.

GOMUA   Ja.

EVA   Was für ein Tier.

GOMUA   Ich weiß, was für ein Tier, aber ich weiß nicht, wie Sie die Viecher nennen.

EVA   Groß.

GOMUA   Nicht besonders. Etwa so. Mit einem Schwanz. Nehmen Vogelnester aus.

EVA   Vielleicht ein Wiesel.

GOMUA   Kann sein.

EVA   Gefährlich.

GOMUA   Ich glaube nicht.

EVA   Wir wissen nicht sicher, ob es ein Wiesel ist.

GOMUA   Da haben Sie allerdings recht.

EVA   Sie sollten eine Falle stellen.

GOMUA   Ich besitze keine Wieselfalle.

EVA   Oder Gift streuen.

*   *   *

EVA   Gomua. Ich will nach draußen.

GOMUA   Es ist schon spät.

EVA   Es wird mir hier zu eng.

GOMUA   Sie wissen, dass es um diese Zeit gefährlich ist.

EVA   Woher soll ich das wissen. Sie lassen mich ja nie raus.

GOMUA Denken Sie an Ihre Gesundheit.

EVA Ich könnte mich über ihre gut gemeinten Empfehlungen hinwegsetzen und aus diesem Koben, dieser Grube, für eine halbe Stunde ausbrechen, und ich nähme es in Kauf, möglicherweise angepöbelt zu werden, bespuckt, sogar überfallen und ausgeraubt, entführt, vergewaltigt, geköpft, zerstückelt und verscharrt zu werden, wenn ich nur einen Moment lang etwas anderes sehen könnte als das, was mir seit Ewigkeiten hier vor Augen steht, und ich würde es auch ertragen, der Nachwelt als Idiotin in Erinnerung zu bleiben, die sich leichtsinnigerweise über den Rat einer einheimischen Gewährsperson hinweggesetzt und die eigene Vernichtung wenn nicht verdient, so doch mindestens mitverschuldet hat. Mein Andenken wäre beschmutzt, mein Schicksal würde kein Mitleid, sondern nur Hohn erregen. Aber Sie, Gomua, könnten sich danach brüsten, es immer gesagt und mich gewarnt zu haben. Ihnen würde man eine Vernunft zuerkennen, die Sie in Ihrem Leben keine fünf Minuten besessen haben. Die Wahl, Gomua, scheint also klar.

GOMUA Das freut mich.

EVA Was freut Sie.

GOMUA Dass die Wahl klar ist.

EVA Lieber verrotte ich hier, als Ihnen diesen Triumph zu gönnen.

GOMUA Sehr vernünftig.

EVA Ich werde meine Zeit zu nutzen wissen. Es kommt darauf an, was man aus einer Situation macht. Wie man sie gestaltet. Dass man sie gestaltet. Manchmal muss die zweitbeste Möglichkeit genügen, ist es nicht so.

GOMUA Allerdings.

Eva   Ich sehe, Gomua, wie Ihnen bei diesen Sinnsprü-
chen das Herz aufgeht, aber auch Sie werden zugeben,
dass diese Aphorismen hier keine Gültigkeit haben.
Weil das keine Situation ist, sondern ein Zustand, den
man entweder aushalten kann, widerständig, revoltie-
rend, oder aber, das wäre die Alternative, einer, in dem
man versinkt, untergeht. Sie wollen mir einreden, au-
ßerhalb dieses Raumes sei meine Existenz gefährdet.
Aber eines müssen Sie wissen, Gomua. Falls unsere
Existenzen voneinander abhängen, dann ist meine gewiss die Bedingung für Ihre, ganz bestimmt nicht um-
gekehrt. Ich gebe Ihnen das Brot, und nicht Sie mir,
und es wird der Moment kommen, da ich von hier befreit werde, und was Sie tun, wem Sie dann Ihre War-
nungen zuteil werden lassen, wessen Sturmvogel der
Apokalypse Sie dann sein mögen, das wird mir auf
eine ganz besonders elegante und anmutige Weise
schnurzpiepegal sein.

✻　✻　✻

Eva   Gomua. Sie lassen mich verdursten.
Gomua   Sie haben seit zwei Tagen nicht gegessen.
Eva   Stopp.
Gomua   Bitte.
Eva   Gomua.
Gomua   Ich.
Eva   Unterstehen Sie sich.
Gomua   Also.
Eva   Dieses Mal werden Sie ihn nicht sagen. Ihren Satz.
Ihre Lieblingsphrase. Die zu sagen Sie geboren wur-
den.
Gomua   Was meinen Sie.

EVA Ach.

GOMUA Ich komm nicht drauf.

EVA Ein gewisser Satz mit einem gewissen Huhn, einem Herd.

GOMUA Aha.

EVA Es dämmert.

GOMUA Nun.

EVA Ja.

GOMUA Wie haben Sie das wissen können.

EVA Sehen Sie.

GOMUA Ich meine, ich habe tatsächlich gerade zufällig ein Huhn auf dem Herd.

EVA Das ist infam, Gomua, eine Schande ist das.

GOMUA Verzeihung.

EVA Ich habe Sie gebeten. Inständig gebeten.

GOMUA Ich wusste nicht.

EVA Ich will ein Omelette.

GOMUA Woher soll ich um diese Zeit die Eier nehmen.

EVA Dann ein Schinkenbrot.

GOMUA Kein Schinken.

EVA Dann einfach Brot.

GOMUA Tut mir leid.

EVA Ich habe Hunger.

GOMUA Ja.

EVA Gut. Ich kapituliere.

GOMUA Wie.

EVA Bringen Sie mir das Hühnerbein.

GOMUA Mit Vergnügen.

EVA Aber ohne Haut. Hören Sie. Ohne Haut.

EVA Sagen Sie, Gomua, warum horchen Sie mich aus.

GOMUA Ich.

EVA Auf eine höchst kunstvolle Weise gelingt es Ihnen ein ums andere Mal, mich zu provozieren, und ich gebe Geheimnisse preis, die Sie später zu Ihren Gunsten gegen mich verwenden.

GOMUA So.

EVA Und wann immer ich Besuch habe, stehen Sie hinter dieser Wand da, machen sich flach, atmen nicht und horchen.

GOMUA Sie haben nie Besuch.

EVA Mein Schamgefühl lässt mich erröten, wenn ich in diese Kloake der Niedertracht blicke. Hat mein Mann Sie auf mich angesetzt. Oder rennen Sie mit Ihren Informationen zum Geheimdienst.

GOMUA Zum Geheimdienst.

EVA Tun Sie nicht so. Dieses Land wird vom Geheimdienst regiert, da weiß mancher Mann nicht, dass die Frau, die neben ihm liegt, gewissen Herrn Bericht erstattet. Das gehört zur Landesnatur.

GOMUA Also.

EVA Allerdings.

GOMUA Ja.

EVA Was sollte der Geheimdienst auch mit Ihnen anfangen.

GOMUA Eben.

EVA Und was meinen Mann betrifft. Er vertraut mir.

GOMUA Na bitte.

EVA Er liebt mich. Er achtet mich. Er braucht mich. Ich halte ihm den Rücken frei. Ohne meine Unterstützung hätte er diese Anstrengung niemals durchgehalten. Er weiß das, und deshalb ist er dankbar und vertraut mir.

GOMUA   Schön.

EVA   Menschen bei ihren privaten Dingen beizuwohnen, das ist hochpervers. Aber in Ihrem Falle verstehe ich es sogar. Während ich tagtäglich den Urgewalten ausgesetzt bin, fehlt ihrem Leben jede Dramatik, jede Leidenschaft, jede innere Spannung. Sie sind das, was man gemeinhin eine Episodenfigur nennt. Sie kochen Hühner, und damit hat es sich.

GOMUA   Ja.

EVA   Es schmeckt übrigens scheußlich.

GOMUA   Das tut mir leid.

EVA   Ich mag mir nicht ausmalen, was man mit einem Huhn anstellen muss, bis es so scheußlich ist. Ein Huhn ist eine Leckerei, eine Delikatesse, aber Sie, Gomua, schaffen es auf geheimnisvolle Weise, alles, was wohlschmeckend ist, aus diesem Tier zu kochen, jedes Aroma zu extrahieren, bis von diesem Hühnervogel nur das Fett, die Sehnen und die Zellwände übrig sind. Sie könnten mir einen Kübel Kleister servieren, Gomua, er hätte mehr Aroma als Ihr Huhn. Was gibt Ihnen das eigentlich, erklären Sie mir das.

GOMUA   Wie.

EVA   Sie nehmen mir jede Freude und traktieren und vergiften mich mir Ihrem Federvieh. Ach, Ihnen fehlt ein Bewusstsein, und vielleicht fehlt es Ihnen glücklicherweise, denn wenn Sie Ihre Situation begreifen würden, sähen, wie hoffnungslos sie ist, müssten Sie darüber verzweifeln. Aber dazu sind Sie zu leer. In Ihnen drin ist überhaupt nichts, das verzweifeln könnte, doch die Frage bleibt natürlich, ob dieser Mangel ein Verhalten entschuldigt, eine Frau, die in ihrem Leben nichts Böses getan hat, zu quälen, zu drangsalieren. Denn ohne es benennen zu können, fühlen Sie, wie unendlich breit der Graben ist zwischen meiner Welt und Ihrer, dass hinter mir, um es deutlich zu sagen, Jahrhunderte des Geistes stehen, Dezennien der Aufklärung, der Emanzipation, der Kämpfe um die Vorherrschaft der Vernunft über die Gewalt, und wenn Sie jetzt in dieses Land hier hinausschauen, dann sehen Sie nichts als Barbarei, Korruption, Verkommenheit, Niedertracht. Sagen wir, wie es ist. Ihr Land hat keinen einzigen Tag der Freiheit erlebt, keine Minute der Gerechtigkeit, keine Sekunde der Aufrichtigkeit, nichts als Täuschung, Betrug, Verrat, und Sie können jetzt natürlich, Gomua, diese Tatsache den Folgen des Imperialismus zuschieben, dem schändlichen Gebaren des Westens, der Gier meiner Landsleute, und ich werde nicht widersprechen. Ich verstehe auf eine gewisse Weise, wie frustriert Sie sein müssen, weil Sie trotz Ihrer Beschränktheit eine unbenennbare Sehnsucht nach einem bewussten Denken in Ihrem Innern brennen fühlen und Sie gleichzeitig keine Möglichkeit sehen, dieses Bedürfnis zu artikulieren, geschweige denn zu verwirklichen, und weshalb die unausgesetzte Verfütterung von Hühnern in Ihrem Universum einem Akt des zivilen Ungehorsams gleichkommt, das habe ich natürlich verstanden, Gomua, bitte unterschätzen Sie mich nicht. Trotzdem billigt die Not nicht jedes Mittel, und wenn ich das Ergebnis meiner Gedanken vorwegnehmen darf. Nein, es ist nicht recht, einen unschuldigen Menschen zu piesacken, ihm Essen vorzusetzen, das überhaupt kein Essen ist, sondern ein Foltermittel, eine eiserne Jungfrau, ein Streckbett in anderer Form, und ich muss Sie doch sehr bitten, Gomua, ich appelliere an Ihre Menschlichkeit, die ich Ihnen trotz allem, was Sie mir in den vergangenen Jahren angetan haben, zubillige, ich rufe Ihnen zu, haben Sie ein Einsehen und hören Sie in Gottes Namen mit diesen elenden Hühnern auf. Wo wollen Sie hin.

GOMUA   Ich.

EVA   Wo wollen Sie hin, Gomua.

GOMUA   Es ist schon spät.

EVA   Ich habe nicht nach der Uhrzeit gefragt.

GOMUA   Ich bin müde.

EVA   Auch das ist keine Antwort auf meine Frage.

GOMUA   Ich möchte ins Bett.

EVA   Selbstverständlich. Gute Nacht, Gomua, gute Nacht.

*   *   *

EVA   Guten Morgen, Gomua. Haben Sie gut geschlafen.

GOMUA   Sie sind doch nicht die ganze Nacht.

EVA   Ich hatte über gewisse Dinge nachzudenken.

GOMUA   Sie brauchen Ruhe. Denken Sie an Ihre Gesundheit.

EVA   Es geht mir ausgezeichnet, danke.

GOMUA   Er wird bald hier sein.

EVA   Das ist nett.

GOMUA   Und Öl findet er auch.

EVA   Sie sind bezaubernd. Aber Sie irren sich. Nicht deswegen bin ich verzweifelt.

GOMUA   Nicht.

EVA   Was mich erschüttert, das sind Sie.

GOMUA   Ich.

EVA   Es ist doch so, Gomua, zwischen mir und Ihnen,

wie soll ich es sagen, das ist eine etwas schwierige Beziehung.

GOMUA Also.

EVA Was bin ich für Sie. Eine verwöhnte Westlerin. Streiten Sie es nicht ab. Ich sehe es in Ihrem Blick. Wie Sie mich anschauen. Über Ihre Stirn zieht eine Leuchtschrift. Eva Kahmer ist ein dekadentes Dreckstück. Arbeitet nicht, trinkt zuviel, ist nichts als eine mitausreisende Ehefrau, ein Anhängsel, Schleppgut, ein Pilotfisch, ihre Funktion definiert sich ausschließlich durch ihren Gatten, so wie Madenfresser auf den Nashörnern sitzen, sitzt sie auf ihrem Mann, nicht gerade ein Parasit, aber nahe daran. Bringen Sie mir zu trinken. Gut. Gomua. Ich will Ihnen Ihre Sicht der Dinge lassen, aber wenn Sie sich jetzt einmal anschauen, so von Kopf bis Fuß, nüchtern, ohne Vorurteile, und dieses Bild danach mit meinem vergleichen, dann möchte ich Sie fragen, wohin Sie Ihr Stolz gebracht hat, Ihre Tugendhaftigkeit. Eine Putzhilfe sind Sie, oder irre ich mich. Ja, ich habe mir die Hände schmutzig gemacht, und ja, ich habe Dinge getan, die ich lieber unterlassen hätte, und ja, es braucht eine gewisse Härte gegenüber sich selbst, um dies zu tun, aber im Gegensatz zu Ihnen, Gomua, habe ich ein Ziel, und dieses Ziel erfordert den Einsatz aller Kräfte. Sie haben sich hübsch gemacht.

GOMUA Bitte.

EVA Die Blume in Ihrem Haar.

GOMUA Heute ist Baliman.

EVA Baliman.

GOMUA Das Fest der tausend Blumen. Die Mütter backen Kuchen. Die Kinder schminken sich.

EVA Fasching also.

GOMUA Fasching.

EVA   Wenn Leute sich verkleiden, dann nennt man das Fasching.

GOMUA   Ich kann Sie hinbringen zum Fasching.

EVA   Wirklich. Das würden Sie tun.

GOMUA   Wenn Sie möchten.

EVA   Wie nett von Ihnen. Allerdings. Was soll ich beim Fasching.

GOMUA   Also.

EVA   Eine einfache Frage, Gomua. Was soll ich beim Fasching.

GOMUA   Ich dachte.

EVA   Sie dachten.

GOMUA   Vielleicht lassen Sie dann mich gehen.

EVA   Sie wollen zum Fasching.

GOMUA   Nun.

EVA   Sie wollen mich alleine lassen.

GOMUA   Nur für diesen Nachmittag. Mein Sohn wünscht es sich so.

EVA   Sie vermissen ihn wohl sehr.

GOMUA   Unter der Woche ist er bei seiner Tante. Geht nicht anders. Wir haben den Sonntag für uns.

EVA   Natürlich können Sie mit Ihrem Sohn zum Fasching.

GOMUA   Wirklich.

EVA   Aber selbstverständlich.

GOMUA   Danke schön.

EVA   Sie brauchen dann einfach nicht mehr zu kommen.

GOMUA   Wie.

EVA   Sie packen Ihre Sachen, gehen zu Ihrem Fasching, und ich suche mir eine andere Putze.

GOMUA   Entlassen Sie mich nicht. Bitte entlassen Sie mich nicht.

EVA Wie geht es Ihrem Arm.

GOMUA Wenn ich ihn so drehe, dann gehts, aber in die andere Richtung, da.

EVA Gomua. Ich bitte Sie. Sagen Sie doch einfach. Das wird schon wieder. Oder. Danke der Nachfrage.

GOMUA Danke der Nachfrage.

EVA Es interessiert mich nämlich vergleichsweise wenig, wie es Ihnen oder Ihren Extremitäten geht.

GOMUA Natürlich.

EVA Ich frage aus Höflichkeit.

GOMUA Danke sehr.

EVA Sie stellen sich nicht vor, wie Ihr Gejammer an meinen Nerven zerrt.

GOMUA Ich habe nichts gesagt.

EVA Das ist es ja. Schleichen herum mit dieser Büßermiene, harren darauf, bis sich jemand nach ihrem Empfinden erkundigt. Und dann legen Sie los mit Ihrem Gejammer. Ich habe kein Mitleid, Gomua, kein schlechtes Gewissen und keine Reue. Ist das klar. Bringen Sie mir zu trinken. Solange ich warte, kann ich auch trinken.

HERBERT Eva. Hörst du mich. Wir sind zurück. Eva. Bist du da. Edgar. Geh du zu ihr. Ich wage es nicht.

EDGAR Herbert.

HERBERT Sie hat es versprochen, Edgar.

EDGAR Ja.

HERBERT Hier hat sie gesessen. Hat mich angeschaut. Hat geschworen, auf ihr Leben hat sie geschworen.

EDGAR   Ja.

HERBERT   Das habe ich nicht verdient.

EDGAR   Natürlich.

HERBERT   Was soll ich tun, Edgar, sag mir das, was bleibt mir noch.

EDGAR   Sie braucht Hilfe.

HERBERT   Sie. Sie hatte jede Hilfe. Feldenkrais hat sie versucht, und schamanische Therapie hat sie versucht. Ist singend in Sommernächten um ein Feuer getanzt, mit den Armen überm Kopf, so. Statt zu frühstücken hat sie meditiert. Hat ihren Atem verfolgt, als seis ein scheuer Vogel. Und Psychoanalyse hat sie versucht. Vier Mal die Woche, jahrelang, die harte Tour. Hat ihre Kindheit umgegraben. Die Schulzeit. Die Zeit, bevor sie zur Schule ging. Bevor sie gehen konnte. Sie ließ sich zurückführen in ihr vorsprachliches Zeitalter, bis zum Tag ihrer Geburt ist sie gegangen, hat sich in den Geburtskanal versetzen lassen, schlüpfte von da zurück in die Gebärmutter, wurde zum Fötus, zum Embryo, um schließlich die Befruchtung rückgängig zu machen und als Ei durch den Eileiter bis zum Ursprung zu kriechen, wo der Fehler passiert sein könnte, der Fehler in ihrer Existenz. Sie hatte jede Hilfe. Aber sie will sie nicht.

EDGAR   Wie.

HERBERT   Sie will keine Hilfe. Sie will mich bestrafen.

EDGAR   Weshalb denn.

HERBERT   Weil ich sie liebe. Weil ich mich aufopfere. Das gibt es. Habe ich gelesen.

EDGAR   Sie ist krank.

HERBERT   Krank. Undankbar ist sie, oder findest du nicht.

EDGAR   Sie will etwas sagen.

HERBERT   Und.

EDGAR   Ich verstehs nicht.

HERBERT   Ist sie jetzt undankbar oder nicht.

EDGAR   Wie soll ich das beurteilen.

HERBERT   Du kennst sie.

EDGAR   Es ist dein Empfinden.

HERBERT   Was ist mein Empfinden.

EDGAR   Dass sie undankbar ist. Und dich bestrafen will.

HERBERT   Das ist mein Empfinden.

EDGAR   Ja.

HERBERT   Woher weißt du, was mein Empfinden ist.

EDGAR   Das hast du eben gesagt.

HERBERT   Habe ich *Empfinden* gesagt. Habe ich gesagt, ich empfinde sie als undankbar.

EDGAR   Nicht mit diesen Worten.

HERBERT   Warum sagst du dann, ich hätte das gesagt.

EDGAR   Ich meinte nur, dass ich nicht über deine Gefühle urteilen will.

HERBERT   Ein Mann liegt im Krankenhaus. Ein guter Mann. Seine Haut ist verbrannt, du hast ihn nicht gesehen, aber ich habe ihn gesehen, Edgar Bron, und das da, was ist das. Das ist doch Schnaps, oder nicht.

EDGAR   Ja.

HERBERT   Und da. Die Flasche. Ist sie leer.

EDGAR   Ja.

HERBERT   Und das ist meine Frau, Eva Kahmer, oder nicht.

EDGAR   Doch.

HERBERT   Sie besäuft sich, während unser Fahrer im Krankenhaus sein Licht ausbläst. Die Frau, die ich liebe, und für die ich all dies auf mich nehme, diese Tortur, dieses Martyrium, nur damit sie eines Tages ein besseres Leben führen kann, das Leben einer

Königin. Die Lizenzen, für die ich mich verschuldet habe bis übern Arsch, die endlosen Explorationen, die Einsamkeit, alles nur für sie. Oder ist das alles nur mein Empfinden.

EDGAR   Nein.

HERBERT   Es wäre besser, ich würde sie erschießen.

EDGAR   Herbert.

HERBERT   Sie vegetiert nur, Edgar, das ist kein Leben.

EDGAR   Trotzdem.

HERBERT   Ich habe Gefühle. Ich habe mir etwas versprochen für diesen Abend. Nach dreißig Tagen in den Wäldern sehne ich mich nach Zivilisation. Und was ist das. Wildnis. Barbarei. Ich brauche Erholung. Das ist keine Erholung.

EVA   Bitte, Herbert, quäl mich nicht.

HERBERT   Hat sie etwas gesagt.

EDGAR   Du sollst sie nicht quälen.

HERBERT   Ich. Ich tu ihr doch nichts. Ich bin ja gar nie da, wie kann ich sie also quälen.

* * *

EVA   Edgar. Bist du das.

EDGAR   Ja.

EVA   Seid ihr schon lange da.

EDGAR   Eben gekommen.

EVA   Und.

EDGAR   Nichts.

EVA   Nichts.

EDGAR   Nichts.

EVA   Was ist mit dem Mann. Im Krankenhaus.

EDGAR   Du hast es gehört.

EVA   Stirbt er.

EDGAR   Man hat sein Zelt angezündet. Nachts.

EVA   Wer.

EDGAR   Die Nomaden hassen uns. Wir plündern ihr Land. Vergiften ihre Flüsse. Füttern eine korrupte Elite.

EVA   Ja.

EDGAR   Wir sollten abhauen. Bevor es zu spät ist.

EVA   Geduld, Edgar.

EDGAR   Herbert.

EVA   Ja.

EDGAR   Ich glaube, er ist verrückt.

* * *

HERBERT   Ach, sie redet wieder.

EVA   Wir reden über das Land.

HERBERT   Dieses Land ist eine alte Vettel, die sich jedem Dahergelaufenen angeboten hat. Amerikaner, Engländer, Franzosen. Alle sind sie drüber. Und jetzt liegt sie da, ausgelutscht und abgebrannt und vollgekleckert. Aber das Luder hat einen Notgroschen versteckt, irgendwo, den werde ich ihm abnehmen.

EDGAR   Sie hat den Groschen gut versteckt.

HERBERT   Was sagst du.

EDGAR   Ich glaube, es gibt dort überhaupt kein Öl.

HERBERT   Wo.

EDGAR   Dort, wo wir bald drei Jahre suchen.

HERBERT   So.

EDGAR   Es ist aussichtslos, wenn du mich fragst.

HERBERT   Ich frage dich aber nicht, mein kleines Scheißerchen. Ich hab dich nie gefragt. Kein einziges Mal in den letzten drei Jahren habe ich dich gefragt. Nicht wo, nicht wann, nicht wie. Mach mir hier ein Loch, mach mir da ein Loch, mach mir dort ein Loch. Das habe ich gesagt. Und sonst nichts.

EDGAR   Ich will nicht mehr.

HERBERT   Wir bleiben eine Nacht. Wasch dich. Kümmere dich um frischen Proviant. Wir brauchen einen gesunden Fahrer.

EDGAR   Hörst du nicht. Ich steige aus.

HERBERT   Du bleibst.

EDGAR   Ich habe drei Jahre ohne Lohn gearbeitet.

HERBERT   Du wirst beteiligt werden.

EDGAR   Beteiligt an deinem Wahnsinn. Ich habe mich krummgebuckelt. Ich habe an dich geglaubt. An deinen Instinkt. An deine Nase. Herbert Kahmer, das petrogeologische Jahrhunderttalent. Das Glück hat dich verlassen. Und du weißt es auch. Du weißt, dass da draußen nichts ist, nur ein paar Öltümpel, doch du wirst es nicht zugeben. Du bist zu stolz. Lieber lässt du uns alle verrecken und vor die Hunde gehen. Sie zünden unsere Zelte an, Herbert, ein Mann liegt im Krankenhaus.

HERBERT   Morgen besuchen wir ihn. Wir bringen ihm Krapfen.

EDGAR   Krapfen.

HERBERT   Die Alte an der Ecke bäckt die besten Krapfen.

EDGAR   Das ist nicht dein Ernst.

HERBERT   Warum nicht.

EDGAR   Er stirbt, Herbert, er braucht keine Krapfen.

HERBERT   Ja. Ruh dich aus. Du bist müde.

EDGAR   Deiner bin ich müde, Herbert.

HERBERT   Du kannst jetzt nicht gehen, ich bitte dich.

EDGAR   Es ist vorbei.

HERBERT Edgar. Wenn du jetzt gehst, dann bin ich erledigt. Verstehst du.

EDGAR Es ist das Beste für uns.

HERBERT Ich knie vor dir. Ich flehe dich an. Was willst du. Willst du eine bessere Beteiligung. Mehr als die siebzig zu dreißig. Gut. Ich erhöhe auf sechzig zu vierzig. Hörst du. Sechzig zu vierzig.

EDGAR Vierzig von nichts bleibt nichts.

HERBERT Ich habe verstanden. Du sollt die Hälfte haben. Was ich habe, sollst du auch haben. Das kannst du nicht ablehnen. Das kannst du unmöglich ablehnen. Wo gehst du hin.

EDGAR Ich ersticke.

HERBERT Edgar.

EDGAR Was ist.

HERBERT Morgen um acht vor dem Krankenhaus. Und denk an die Krapfen.

* * *

HERBERT Da.

EVA Was ist das.

HERBERT Machs auf.

EVA Ein Kleid.

HERBERT Die Nomadinnen tragen es in der Nacht vor der Hochzeit. Es ist das letzte Gewand einer ledigen Frau.

EVA Ich bin schon verheiratet, Herbert.

HERBERT Es gefällt dir nicht.

EVA Es ist fremd.

HERBERT Zieh es an.

EVA Ich schäme mich.

HERBERT Es ist ein Geschenk der Nomaden. Als Geste der Versöhnung.

EVA Nicht das.

HERBERT Nicht.

EVA Dass du dich vor Edgar erniedrigst.

HERBERT Ohne ihn bin ich tot.

EVA Du findest einen anderen Ingenieur.

HERBERT Keinen, der nur für ein Versprechen arbeitet. Du hast etwas vergessen.

EVA Was ist es. Ein Amulett.

HERBERT Es bringt dir Glück.

EVA Was war das für ein Mann. Dieser Brandstifter.

HERBERT Kein Mann. Eine Frau wars.

EVA Eine Frau.

HERBERT Man glaubt, diese Eingeborenen seien schnell, weil sie immer zu Fuß unterwegs sind. Aber die war nicht schnell. Nach fünfzig Metern hatte ich sie.

EVA Du hast sie.

HERBERT So habe ich sie gepackt. So. Ganz ruhig war sie. Wie ein Lamm. Bloß als sie die Armeejeeps gehört hat, da ist sie ein bisschen unruhig geworden.

EVA Was geschieht mit ihr.

HERBERT Hättest die Gesichter der alten Nomaden sehen sollen, als sie ins Camp kamen, um sich für das Mädchen zu entschuldigen. Sie wissen, in welcher Scheiße sie leben und dass wir ihre einzige Hoffnung sind. Du solltest ihre Kinder sehen, schmutzstarr und hohläugig. Aber ihre Rentiere. Das sind herrliche Kreaturen. Zu tausenden rasen sie durch die Taiga, wie Fische im Meer. Sie kommen zu unseren Sondierungstürmen, weißt du, weil sie Schutz vor den Mücken suchen. Und vor ein paar Tagen seh ich, wie eine Rentierkuh in eine Grube fällt, in die wir das Öl und den

Schlamm ablassen, versuchts, und kommt nicht raus.
Und ich renne zu einem dieser Kerle, zu einem Nomaden, der sitzt vor seinem Zelt, hat schlechte Zähne und
ist um zehn Uhr früh schon besoffen, und ich sage, da
ist eine Kuh in die Grube gefallen, er soll einen Strick
holen, einen Strick und ein paar Männer für die Kuh
im Ölloch. Er hat mich angegrinst mit seinen faulen
Zähnen, nur angegrinst. Und als ich abends wieder am
Ölloch vorbeikomme, da ist die Kuh noch drin. Ver-
reckt. Schwarz und tot, aber die Augen waren offen
und weiß vor Angst. Das war eine trächtige Kuh, ich
sags dir, und er hat sie einfach verrecken lassen. Sie
haben keine Seele, weißt du das, sie haben kein Herz,
weder das eine noch das andere, doch der liebe Gott
hat ihnen trotzdem ein reiches Land gegeben und edle
Tiere, und es ist gut, wenn sie beides verlieren. Die
Rentiere werden mir ein Lied singen in den Nächten,
wenns keiner hört, weil ich sie befreit habe. Herbert,
Befreier der Rentiere. Wie gefällt dir das.

EVA   Hast du ein Bild von ihr.

HERBERT   Von der Brandstifterin.

EVA   Ich möchte wissen, wie sie aussieht.

HERBERT   Ein bisschen wie du in diesem Kleid. Sie
hatte Feuer, sehr viel Feuer.

EVA   Ich habe Angst.

HERBERT   Du darfst nicht trinken, Evchen, du darfst
nicht trinken.

EVA   Aber wenn ich doch.

HERBERT   Vertrau mir. Die Wälder da draußen sind
weiter, als du dir vorstellen kannst, und wenn einem
Mann daheim die Liebste zweifelt, dann fehlt ihm die
Widerstandskraft und die milliarden und abermilliarden Samen der milliarden und abermilliarden Bäume

schlüpfen durch die Nase, die Ohren, in den Mund, und dann wächst ihm dieser Wald nicht bloß vor den Augen, er sprießt in seinem Hirn. Schau mal hier.

EVA Wo.

HERBERT Da. Am Arm.

EVA Haar.

HERBERT Schau noch mal genau.

EVA Haar.

HERBERT Kein Haar, Eva, eine Birke ist das. Klein noch, und erst eine einzige. Für jede Minute, die du an mir zweifelst, wächst eine Birke, und wenn du wankst, Eva, wuchert hier bald ein ganzer Wald. War der Schakal da.

EVA Ich weiß nicht.

HERBERT Gomua soll den Abfall wegräumen. Die erzählen das herum, die Schakale, dass es hier was zu holen gibt. Und dann kommen sie in Meuten. Es ist wichtig, Eva, hörst du. Ich kann nicht immer auf dich aufpassen.

EVA Herbert.

HERBERT Was ist denn noch. Du fürchtest, Edgar könnte die Fliege machen. Ist es das. Dann könnten wir einpacken. Aber weißt du, ich habe dafür eine Lösung. Die Arbeiter akzeptieren keinen Chef ohne Flinte. Und deshalb habe ich mir eine gekauft. Sie liegt da draußen in meinem Wagen. Falls ich scheitere, dann jage ich dir eine kleine Kugel in deine blasse Stirn. Was sagst du. Das ist eine gute Lösung. Du hast recht. Das Kleid steht dir nicht.

EVA Nicht.

HERBERT Ziehs aus, ich bitte dich, ziehs aus.

EDGAR   Ich gehe nicht zurück in die Wälder.

EVA   Was soll das heißen.

EDGAR   Ich habe drei Jahre nichts als Bohnen gefressen,
ich habs ertragen. Mich haben die Mücken gefressen,
kein Problem, ich habs ertragen. Ich habe Herbert ertragen, ich habe im selben Zelt geschlafen, gut, ich
habe seinen fauligen Atem auf meinem Gesicht ertragen, gut, ich habe seinen Gestank ertragen, gut.
Aber ich werde mich nicht umbringen lassen, verstehst
du, ich werde mich nicht anzünden lassen.

EVA   Du warst im Krankenhaus.

EDGAR   Du hast ihn nicht gesehen, Eva. Du hast seine
Haut nicht gesehen. Eine Pellkartoffel. Wie eine
verdammte Pellkartoffel. Und wie er zitterte, verbrannt von Kopf bis Fuß, und doch hat er gefroren.
Und der Blick. Er hatte Angst, Angst vorm Krepie-
ren. Die Kinder daneben, vier, sie schauen mich an.
Geben mir die Schuld. Mir. Und alles ist schmutzig,
der Boden ist staubig, und die Laken sind fleckig, und
die Arztkittel sind verspritzt, und es riecht, es riecht
nach Chlor und nach Eiter und nach Kohl, den sie
hier fressen tagaus, tagein. Ich werde nicht da hin-
gehen, hörst du, Eva, ich werde hier nicht verrecken.

EVA   Sie haben die Frau doch erwischt.

EDGAR   Sie hassen uns alle, jeder einzelne Nomade
hasst uns.

EVA   Setz dich. Beruhige dich.

EDGAR   Ich bin ruhig. Und ich sage dir, ich reise ab.
Noch heute.

EVA   Das bedeutet unser Ende.

EDGAR Wo ist denn dieses Öl, sag mir das. Seit drei Jahren bohren wir jeden verdammten Tag ein Loch in die Erde. Nicht das geringste Anzeichen einer Lagerstätte. Kein Muttergestein, kein Deckgestein, kein Speichergestein. Bloß ein paar Pechtümpel.

EVA Du bist kein Geologe, Edgar.

EDGAR Er hat sich verrannt. Und kann es nicht zugeben. Jemand muss es ihm sagen. Bevor wir alle vor die Hunde gehen.

EVA Er wird das nicht überleben.

EDGAR Ich gehe, weil ich sein Freund bin.

EVA Und ich. Was wird aus mir.

EDGAR Komm mit.

EVA Mit dir.

EDGAR Eva, hör zu.

EVA Ich werde nicht als arme Frau zurückkehren.

EDGAR Sieh dich an. Was haben diese drei Jahre aus dir gemacht.

EVA Gib ihm noch eine Chance. Die letzte.

EDGAR Er stellt eine Blume in ein Zimmer und schließt ab.

EVA Ich kann dich nicht gehen lassen.

EDGAR Ich habe mich entschieden.

EVA Ich gebe dir, was du begehrst.

EDGAR Was meinst du.

EVA Du gehst wieder in die Wälder. Auf eine letzte Exploration. Wenn ihr ein Vorkommen entdeckt, wird dich Herbert beteiligen. Und falls ihr kein Öl findet, werde ich dich entschädigen.

EDGAR Womit.

EVA Ich werde dieses Land nicht als arme Frau verlassen, nicht nach all dieser Zeit.

EDGAR Ich verstehe nicht, womit.

Eva   Natürlich verstehst du, du verdammter Heuchler. Wenn du Edgar etwas sagst, bringe ich dich um, hörst du, ich bringe dich um.

ZWEI

EVA Ersparen Sie mir Ihre Blicke, Gomua. Ich weiß, was Sie denken. Aber Sie verstehen das nicht.

GOMUA Ich sage nichts.

EVA Schauen Sie mich nicht an. Hören Sie. Schauen Sie mich nie wieder an. Still.

GOMUA Ich habe nichts gehört.

EVA Ruhig, sage ich. Da war es wieder.

GOMUA Frau Kahmer. Da ist nichts.

EVA Das war der Tod. Er kommt mich holen.

GOMUA Was reden Sie.

EVA Es ist zu Ende, Gomua.

GOMUA Aber die Herren sind doch wieder rausgefahren.

EVA Bloß ein Aufschub von wenigen Tagen.

GOMUA Es wird sich alles wenden.

EVA Sie haben in drei Jahren kein Öl gefunden, warum sollte es in sieben Tagen klappen. Es ist unabwendbar. In einer Woche bin ich tot.

GOMUA Tot.

EVA Tot.

GOMUA Und was wird dann aus mir.

EVA Aus Ihnen.

GOMUA Ja.

EVA Ist das Ihre einzige Sorge.

GOMUA Aber.

EVA Immer nur das eigene Fressen. Und sonst nichts. Sie haben kein Mitgefühl, kein Herz, das Einzige, was sich in Ihnen regt, sind ihre Darmbewegungen. Das ist das Einzige, worum Sie sich sorgen. Einen Menschen, der vor Ihren Augen um sein nacktes Dasein, seine Würde, seine Ehre kämpft, der seine Menschlichkeit ohne zu zögern hingibt für seinen Liebsten, dafür sind Sie blind und taub wie ein Grottenolm.

GOMUA   Ein Grottenolm.

EVA   Es wird Zeit, dass Sie etwas über Leidenschaft lernen, über Aufopferung.

GOMUA   Was bedeutet Aufopf.

EVA   Aufopferung, Gomua, Aufopferung, die Hingabe an eine Sache, von der man glaubt, sie sei wichtiger als das kurzzeitige Glück. Sprachunterricht zum Beispiel. Wissen Sie eigentlich, wie unerträglich schlecht Ihr Deutsch ist.

GOMUA   Wenn nur Sie mich verstehen.

EVA   Das Allermeiste muss ich erraten.

GOMUA   Das war mich, das war mir nicht bewusst.

EVA   Hingabe würde bedeuten, dass Sie sich einmal nach Feierabend nicht vor den Fernseher setzen und sich diesen Müll ansehen würden, mit denen die Regierung Ihr Hirn zukleistert, sondern sich hinter die Bücher machten, die ich Ihnen gegeben habe.

GOMUA   Ich habe gelernt.

EVA   Es wäre nicht klug, ein zweites Mal auf ein weiches Herz zu hoffen. Ich habe über ihre Unfähigkeit hinweggesehen, obwohl ich noch heute eine promovierte Germanistin finden würde, die bestimmt kein schlechteres Huhn kocht als Sie und die mir ein Gedicht rezitieren könnte, beispielsweise, wenn mir danach ist.

GOMUA   Ich kenne ein Gedicht. Rainer Maria Rilke. Ein Wintermärchen. Schläft ein Lied in allen Dingen, die da träumen fort und fort, und die Welt hebt an zu singen, sprichst du nur das Zauberwort.

EVA Fürchterlich, Gomua, haben Sie Erbarmen mit
mir.

GOMUA Ich habe gelernt.

EVA Erzählen Sie keinen Unsinn.

GOMUA Doch. So. Also. Die, der, und, in, zu, den, das,
nicht, von, sie, ist, des, sich, mit, dem, dass, er, es, ein,
ich, auf, so, eine, auch, als, an, nach, wie, im, für, man,
aber, aus, durch, wenn, wenn, wenn.

EVA Und Sie behaupten, Sie hätten geübt.

GOMUA Aber.

EVA Es geht so. Die, der, und, in, zu, den, das, nicht,
von, sie, ist, des, sich, mit, dem, dass, er, es, ein, ich,
auf, so, eine, auch, als, an, nach, wie, im, für, man, aber,
aus, durch, wenn, man, nur, war, noch, werden, bei,
hat, wir, was, wird, sein, einen, welche, sind, oder, um
haben, einer, mir über, ihm, diese, einem, ihr, uns, da,
zum, zur, kann, doch, vor, dieser, mich, ihn, zu, hatte,
seine, mehr, am, denn, nun, unter, sehr, selbst, schon,
hier, bis habe, ihre, dann, ihnen, seiner, alle, wieder,
meine, Zeit, gegen, vom, ganz, einzelnen, wo, muss,
ihnen, eines, können, sei. Ist doch ganz einfach.

GOMUA Man, nur, war, noch, werden, bei, hat, was,
wird, sein –

EVA Nein, nein. Man, nur, war, noch, werden, bei, hat,
wir, was, nicht werden, bei, hat, wie auch immer –

GOMUA Ah. Man, nur, noch, werden, bei, hat, wir,
was, nicht, werden, bei, hat, wie, auch, immer –

EVA Aber nicht doch.

GOMUA Aber, nicht, doch, welche, sind, oder –

EVA Stopp.

GOMUA Stopp.

EVA Stopp.

GOMUA Stopp ist in dieser Reihe.

EVA Natürlich nicht. Sie machen ein Durcheinander. Noch einmal von vorne. Die, der, und –

GOMUA Die, der, und, in, zu, den, das, nicht, von, sie, ist, des, sich, mit, dem, dass, er, es, ein, ich, auf, so, eine, auch, als, an, nach, wie, im, für, man, aber, aber,

EVA – aus, durch –

GOMUA – aus, durch, wenn, man, nur, war, noch, werden, bei, hat, wir, was, wird, sein, einen, welche, sind, oder, um haben, einer, mir über, ihm, diese, einem, ihr, uns, da, zum, zur, kann, doch, vor, dieser, mich, ihn, du, hatte, seine, mehr, am denn, nun, unter, sehr, selbst, schon, hier, bis habe, ihre, dann, ihnen, seiner, alle, wieder, meine, Zeit, gegen, vom, ganz, einzelnen, wo, muss, ihnen, eines, können, sei. Ja.

EVA Wenn Sie üben würden, Gomua, wäre diese kleine Übung kein solches Martyrium. Sie würde im Gegenteil Freude bereiten.

GOMUA Ich weiß nicht, was mir das hilft.

EVA Was es mir nützt.

GOMUA Was es mir nützt.

EVA Richtig.

GOMUA Ja, was nützt mir das.

EVA Ist das eine Frage.

GOMUA Ja.

EVA Also. Eine Frage. Und was geschieht am Ende eines deutschen Fragesatzes. Die Stimme hebt sich, und zwar um mindestens eine Terz. Also.

GOMUA Was nützt mir das.

EVA So ungefähr.

GOMUA Was nützt mir das.

EVA Es kann unter Umständen wichtig sein, dass man eine Frage als Frage erkennt.

GOMUA Was nützt mir das.

EVA Es reicht jetzt, Gomua.

GOMUA Was nützt mir die, der, und in, zu, den, das, nicht, von, sie, ist, des.

EVA Wenn Sie das nicht einsehen, Gomua, dann ist Ihnen nicht zu helfen.

GOMUA Also.

EVA Es sind die siebzig häufigsten Worte der deutschen Sprache, Gomua, und sie alleine stellen fünfzig Prozent irgendeines Textes, und ich glaube, dass Ihnen diese wenigen Worte bei der Stellensuche helfen könnten. Aber Sie müssten wollen, und man kann nicht wollen wollen.

* * *

EVA Wenn Sie mich noch einmal anschauen, Gomua, dann.

GOMUA Was Sie da um den Hals tragen.

EVA Ein Glücksbringer.

GOMUA Es ist ein Matar Karai.

EVA Sie kennen das.

GOMUA Man sagt, er bringe üble Sachen.

EVA Wer sagt das.

GOMUA Ein Aberglaube der Nomaden.

EVA Was wissen Sie über diese Leute.

GOMUA Man sieht sie manchmal auf dem Markt. Schmutzig sind sie und verdorben.

EVA Wie können Sie das sagen.

GOMUA Sie hätten beinahe Ihren Mann getötet.

EVA Sie kämpfen für ihre Sache, Gomua. So, wie wir auch.

GOMUA Es ist gut, dass sie die Frau hängen.

EVA Sie werden sie hängen.

GOMUA Schon in einer Woche. Auf dem Platz gleich hinter dem Markt.

EVA Doch nicht vor aller Augen.

GOMUA An einem Kranwagen. So, wie sie das immer machen mit den Mördern.

EVA Wenn sie das wüsste.

GOMUA Was sagen Sie.

EVA Wenn sie das wüsste. Dass wir in einer Woche beide tot sind.

* * *

EVA Wenn ich dann noch lebe, könnte ich hinfahren und es mir ansehen. Wie man sie erhängt. Dann werde ich ihr winken, das wird sie trösten. Was meinen Sie, Gomua, werden Sie mich hinbringen, zu dieser Hinrichtung, wenn ich Sie ganz inständig darum bitte.

* * *

EVA Was stehen Sie herum. Wollen Sie nicht nachsehen.

GOMUA Nachsehen.

EVA Wer an der Tür ist.

GOMUA An der Tür.

EVA Sie werden alt. Hören Sie die Glocke nicht.

GOMUA Welche Glocke.

EVA Die Türglocke.

GOMUA Es gibt hier keine Türglocke.

EVA Es gibt hier keine Türglocke.

GOMUA Nein.

EVA Still. Da. Dieses helle Bimmeln. Jetzt haben Sie es gehört.

GOMUA Nichts habe ich gehört.

EVA Sie werden mich nicht, Gomua. Gehen Sie an die Tür.

GOMUA Wozu denn.

EVA Gehen Sie an die Tür.

* * *

EVA Wer sind Sie. Und wie sind Sie hereingekommen. Antworten Sie. Verstehen Sie mich. Wer Sie sind, habe ich gefragt. Gomua. Gomua. Bar i to wan. Bar i to wan. Who are you. What do you want.

* * *

GOMUA Keiner da. Was ist. Sie zittern.

EVA Da war jemand.

GOMUA Wo.

EVA Hier in diesem Zimmer. Dort drüben. Eine Frau. Stand plötzlich da.

GOMUA Das kann nicht sein.

EVA Hat nichts gesagt. Kein Wort. Hat mich nur angeschaut, mit einem Blick, so, ich weiß nicht, wie. Als würde sie mich kennen.

GOMUA Von wo.

EVA Was weiß ich, von wo.

GOMUA Es war ein Schatten.

EVA Vielleicht liegt es am Amulett.

GOMUA Sie brauchen Ruhe, Frau Kahmer.

EVA Haben Sie nicht gesagt, es bringe Böses.

43

GOMUA   Ein Aberglaube. Geben Sie nichts darauf.

EVA   Sie hat mich angeschaut, und mit ihrem Blick hat sie etwas in mich gelegt. Was war es nur. Ja. Es muss ein Korn gewesen sein.

GOMUA   Ein Korn.

EVA   Ein Samenkorn. Ein böses Samenkorn. Schauen Sie nach. Überall. Durchsuchen Sie das ganze Haus. Wir müssen sie finden.

*   *   *

EVA   Gomua. Kommen Sie zurück. Hören Sie mich. Hören Sie mich. Die Frau ist hier.

*   *   *

EVA   Was wollen Sie. Was wollen Sie. Bar i to wan. Bar i to wan.

ELSA   Bar i to wan.

EVA   Bar i to wan.

ELSA   Bar i to wan. Bar i to wan. Was soll das Theater.

EVA   Sie verstehen mich.

ELSA   Lass das Theater, sage ich.

EVA   Wo ist Gomua.

ELSA   Sie kann dich nicht hören.

EVA   Was haben Sie mit ihr. Wenn Sie meiner Gomua etwas.

ELSA   Es geht ihr gut.

EVA   Ich kenne Sie nicht.

ELSA   Nach all der Zeit hätte ich ein wenig Begeisterung über das Wiedersehen erwartet.

EVA   Ich weiß beim besten Willen nicht, von wo wir uns kennen sollten.

ELSA Ich weiß beim besten Willen nicht, von wo wir uns kennen sollten. Ich bitte dich. Du bist eine miserable Schauspielerin.

EVA Ich kann Ihnen nicht helfen.

ELSA Du hast nicht etwa geglaubt, dass ich dich nicht finden würde.

EVA Was wollen Sie von mir.

ELSA Plaudern.

EVA Plaudern. Worüber.

ELSA Über dich. Über deine Geschichte.

EVA Was gibt es da zu plaudern.

ELSA Schließ die Augen.

EVA Bestimmt nicht.

ELSA Was siehst du.

EVA Eine Frau.

ELSA Was tut sie.

EVA Ich sehe nichts. Es ist zu dunkel.

ELSA Bald wird es hell.

EVA Sie befindet sich in einem Raum.

ELSA Beschreibe ihn.

EVA Es ist feucht. Ich sehe kein Fenster. Aber ich höre etwas. Ein Geräusch. Es ist wie. Ich glaube, ja, da tropft etwas.

ELSA Und was genau tropft denn da.

EVA Ich weiß nicht genau. Vielleicht ist es. Ich glaube, es ist.

ELSA Sag uns, was es ist.

EVA Nein.

ELSA Schließ die Augen.

EVA Was tun Sie mit mir.

ELSA Schließ die Augen.

EVA Ich will nicht.

ELSA Irgendwann wirst du müssen.

EVA   Ich werde nicht schlafen.

ELSA   Ach, blinzeln wird reichen. Was ist das.

EVA   Cognac.

ELSA   Wie war der Name deiner Haushälterin.

EVA   Gomua.

ELSA   Sie soll Kaffee kochen. Ich komme wieder, wenn du nüchtern bist.

*　*　*

GOMUA   Da ist keiner.

EVA   Gomua.

GOMUA   Was ist.

EVA   Da.

GOMUA   Was.

EVA   Die Frau.

GOMUA   Welche Frau.

EVA   Dort. Eben war sie noch hier.

GOMUA   Frau Kahmer. Sie brauchen Ruhe.

EVA   Was ist das, Gomua.

GOMUA   Wie.

EVA   Was da wächst.

GOMUA   Wo wächst etwas.

EVA   Hier. In mir. Es wächst in mir. Helfen Sie mir, bitte helfen Sie mir.

GOMUA   Lassen Sie mich los.

EVA   Ich muss dieses Ding loswerden. Den Matar Karai. Jetzt.

GOMUA   Beruhigen Sie sich.

EVA   Bringen Sie Zündhölzer. Und Benzin.

GOMUA   Sie können hier drin kein.

EVA   Ich muss ihn verbrennen.

GOMUA   Das bringt doch nichts.

EVA Warum bringt das nichts. Gomua. Was wissen Sie darüber.

GOMUA Nichts. Ich weiß nichts.

EVA Helfen Sie mir.

GOMUA Es ist ein Aberglaube.

EVA Was tun die Nomaden mit dem Matar Karai. Sagen Sie es mir.

GOMUA Sie. Sie essen ihn auf.

EVA Aufessen.

GOMUA Ein Aberglaube.

EVA Bringen Sie Essig und Öl.

GOMUA Frau Kahmer.

EVA Und vergessen Sie das Salz nicht.

* * *

EVA Es schmeckt scheußlich, Gomua, ganz scheußlich.

GOMUA Das brauchen Sie nicht zu tun, Frau Kahmer.

EVA Sie haben die Frau nicht gesehen. Sie haben nicht gehört, wie sie gesprochen hat. Sie haben dieses Samenkorn nicht in sich.

GOMUA Wenn nur Ihr Mann bald nach Hause kommt.

EVA Ich habs getan, Gomua. Ich habe den Matar Karai gegessen. Ich habe ihn besiegt. Bringen Sie mir etwas zu trinken.

GOMUA Frau Kahmer.

EVA Ich muss spülen, Gomua, ich muss doch spülen.

EVA Bleiben Sie die Nacht bei mir, Gomua, ich bitte Sie.

GOMUA Also.

EVA Fürchten Sie sich nicht. Der Dämon kommt nicht wieder. Ich habe ihn schließlich gegessen.

GOMUA Und wo soll ich schlafen.

EVA Sie legen sich aufs Sofa.

GOMUA Und Sie.

EVA Ich lege mich daneben.

* * *

EVA Gomua. Ich habe Bauchgrimmen.

GOMUA Das legt sich. Versuchen Sie zu schlafen.

EVA Was habe ich eigentlich gegessen.

GOMUA Schlafen Sie jetzt.

EVA Schmeckte wie ein altes Stück Leder.

GOMUA Ja.

EVA Vermutlich ein tödliches Gift.

GOMUA Die Nomaden essen ihn ohne Schaden.

EVA Ein Gift, das nur Europäerinnen tötet.

GOMUA Sie träumen schon.

EVA Wie war doch gleich der Name.

GOMUA Matar Karai.

EVA Matar Karai. Klingt hübsch. Was bedeutet es.

GOMUA Ich weiß es nicht.

EVA Sie lügen, Gomua.

GOMUA Das ist doch nicht wichtig.

EVA Was bedeutet Matar Karai.

GOMUA Matar heißt Herz. Und Karai heißt Kind.

EVA Herzkind. Warum denn Herzkind.

GOMUA Nicht Herzkind. Kinderherz.

EVA Kinderherz. Ich habe ein Kinderherz gegessen. Gomua.

GOMUA Aber doch kein echtes.

EVA Langsam verstehe ich. Mit den Hühnern haben Sie mich vorbereitet. Zuerst die Hühner, und dann das Herz. Und was kommt als nächstes. Was muss ich als nächstes fressen. Meine Exkremente. Oder mich selbst. Gomua. Sie Hexe. Muss ich mich selbst aufessen, ist es das. Gomua. Antworten Sie. Antworten Sie.

* * *

ELSA Lass sie in Ruhe.

EVA Du. Dich gibt es nicht. Ich habe dich vernichtet. Du bist in meinem Bauch.

ELSA Was sagt man in diesen Fällen. Ich kenne einen sehr guten Arzt. Er würde sich freuen, dich zu sehen.

EVA Geh weg.

ELSA Was haben sie mit dir gemacht. Warum tust du das. Warum isst du ein Amulett.

EVA Geh zurück, woher du gekommen bist.

ELSA Das tue ich gerade.

EVA Ich brauche dich nicht.

ELSA Nein, aber ich brauche dich.

EVA Mich.

ELSA Ja.

EVA Du brauchst mich. Wozu.

ELSA Das weißt du doch. Wir brauchen eine Frau, deren Gedanken man fürchtet, die Grausamkeit ihrer Schlussfolgerungen. Diese Frau beobachtet. Sie sieht. Sie hört. Sie riecht. Sie lässt sich nicht beirren. Ihr entgeht nichts, und wenn sie nicht versteht, dann harrt sie

49

aus mit der Geduld der Jägerin. Und sie nimmt sich selbst nicht aus, weil sie weiß, dass alles, was menschlich ist, auch verführt werden will, und sie selbst ist ein Mensch, mehr als andere.

EVA   Das bin ich nicht.

ELSA   Und sie reißt aus, was faul ist und käuflich, alles, was sich sehnt nach Ruhe und Beschaulichkeit. Sie spricht aus, was ist, sie benennt das Unrecht, die Falschheit, und sie ist unnachsichtig mit jenen, die so tun, als würden sie aus Interesse fragen, und dabei nur Türme bauen, Türme aus Widersprüchen. Jene, die bei jeder Sache meinen, man müsse nach den Gründen fragen und auch die Gegenseite anhören, nichts sei nur schwarz oder weiß, oder gut, oder schlecht, eine jede Erscheinung dieser Welt trage ihr Gegenteil in sich, und wer sei mächtig und klug genug, wer habe so lange nachgedacht und sich den Kopf zerbrochen, dass er sich über alle Widersprüche erheben könne.

EVA   Ja, wer hat das.

ELSA   Ich, sagt diese Frau. Ich bin klug genug. Jeder unter euch ist klug genug. Ihr tragt die Bedenken vor, weil ihr zu faul seid, um euch aus der Behaglichkeit eurer Lüge zu wagen. Ihr verrammelt eure Tür mit Spitzfindigkeiten, ihr nennt euch verantwortlich und seid nur feige.

EVA   Ich will nicht.

ELSA   Die Frau, die ich sehe, fällt nicht auf dieses Denken herein, sie steigt nicht in dieses Widerwasser, das bewegt scheint und sich in Wahrheit nur am Ort in einem Kreisel dreht. Diese Frau weiß, dass es nicht schwierig ist, das Falsche vom Echten zu trennen. Das Unrecht zu erkennen und den Schaden, nicht schwierig, das Leiden zu sehen, wer es zufügt oder es erleidet.

EVA   Ich werde sterben.

ELSA   Schwierig ist, das Echte falsch und das Kostbare billig zu nennen, die Ungerechtigkeit unabwendbar und ewig. Womit muss sich der Verstand nicht ohne Pause ablenken, um die Wahrheit zu vergessen, hinter welche unerfindlichsten und kunstvollsten Schlösser werden die Herzen und der Geist gesperrt.

EVA   Ich mag das nicht, wie du redest.

ELSA   Wir brauchen eine neue Prophetin.

EVA   Ach so. Wenn es nur das ist.

ELSA   Du ziehst in den Dreck, was noch gut ist an dir, was noch fühlt, ziehst es in den Dreck, weil du selbst in diesem Dreck steckst, du frisst ihn, du denkst ihn, du liebst ihn, du bist zu diesem Dreck geworden.

EVA   Es gibt dich nicht. Es gibt dich nicht.

ELSA   Ach, wie sorgfältig du jedes aufkeimende Gefühl erstickst, jede kleine Stimme, die dir sagt, das ist ungerecht, das ist Elend und das ist Leid, und wie kunstvoll du dich ablenkst mit Nichtigkeiten, nur damit du nicht sehen musst, deinen Gedanken nicht folgen musst. Wie lange willst du noch tatenlos zusehen, wie sie die Propheten töten.

EVA   Ich bitte dich. Lass die Platituden.

ELSA   Eine einsame, eingeschlossene Trinkerin, die auf ihren Mann wartet, ist das keine Platitude. Haben wir diese Geschichte nicht wieder und wieder gehört. Denkst du, irgendein Gedanke, den du tagtäglich durch deine Hirnwindungen schiebst, besitze irgendeine Originalität. Nein, alles, was du denkst und fühlst, wurde tausendfach gedacht und gefühlt, und man fragt sich, ob irgendeine deiner sogenannten

Ideen, eine einzige nur, an der du dich seit dem Tag der Geburt erfreut hast, gerade dich benötigte, um zu existieren, oder ob man dich genauso gut auslöschen könnte ohne benennbaren Schaden.

Eva Du bist gekommen, um mich zu töten.

Elsa Dazu müsstest du erst gelebt haben, und ich sehe nicht, was genau man auslöschen sollte außer einem einzigen großen Gejammer unter Beryoks Himmel und einer kindlichen Sehnsucht, es würde sich durch ein Wunder alles zum Guten wenden und du könntest auf einem rosa Ferkel zurück in das Land der ewigen Fräuleins reiten. Es wird nicht sein. Dieses Land hast du abgebrannt, vergiftet, aber es anzusehen, dazu bist du zu feige. Sie würde wohl verschwinden, deine Feigheit, deine eloquente, bemäntelte Feigheit. Die Welt ist ihrer überdrüssig, sie ist dir und deiner Geschichte überdrüssig.

Eva Und trotzdem bist du gekommen.

Elsa Weil da etwas ist, etwas in dir, das nicht beschmutzt ist. Ihm will ich folgen.

Eva Was muss ich tun.

Elsa Schließ die Augen.

Eva Ich will nicht.

Elsa Was siehst du.

Eva Da ist jemand.

Elsa Wer ist es.

Eva Ich weiß es nicht. Ein Mensch. Eine Frau.

Elsa Was tut sie.

Eva Sie sitzt auf einem Stuhl.

Elsa Ist sie alleine.

Eva Nein.

Elsa Wer ist bei ihr.

Eva Männer.

ELSA Was tun sie.

EVA Sie tun ihre Arbeit.

ELSA Was ist ihre Arbeit.

EVA Sie bereiten sie vor.

ELSA Sie bereiten die Frau vor.

EVA Ja.

ELSA Worauf.

EVA Auf das Sterben.

ELSA Warum muss sie sterben.

EVA Ich weiß es nicht.

ELSA Du bist ein Lügenmaul, ein kleines, dreckiges Lügenmaul.

EVA Sie ist eine Prophetin.

ELSA Aha, und wie heißt ihr Evangelium.

EVA Es ist.

ELSA Ja.

EVA Es ist das Evangelium der Scheiße.

ELSA Nein.

EVA Ich öffne jetzt die Augen.

ELSA Das tust du nicht.

EVA Es tut mir leid, aber es ist nicht meine Schuld.

ELSA Niemand wird dich retten. Hörst du. Niemand.

EVA Mein Name ist Eva Kahmer. Ich bin die Frau von Herbert Kahmer. Er sucht nach Öl in den Nordprovinzen, Öl für die Städte des Westens, damit die Menschen Arbeit haben und Brot. Er wird sehr bald nach Hause kommen, er wird mich reich beschenken, wir werden ein Leben führen, das zu führen sich lohnt, und uns lieben, denn hier, in diesem Land, in Beryok, können wir uns nicht lieben.

EVA   Gomua. Was tun Sie.

GOMUA   Ruhig. Beruhigen Sie sich. Es ist alles vorbei.

EVA   Wo bin ich.

GOMUA   Sie sind hier.

EVA   Bin ich wach.

GOMUA   Natürlich.

EVA   Und sie. Wo ist sie.

GOMUA   Niemand ist hier. Nur Sie und ich.

EVA   Es hat nichts genützt, Gomua, ich habe den Matar Karai gegessen, aber es hat nichts genützt.

GOMUA   Sie haben nichts gegessen, Frau Kahmer, Sie haben bloß geträumt.

EVA   Geträumt.

GOMUA   Ihr Mann. Er hat angerufen. Sie sind auf ein Vorkommen gestoßen. Hören Sie, Frau Kahmer, Ihr Mann hat Öl gefunden.

DREI

HERBERT   Gomua. Sie gehen in dieser Sekunde noch zu meinem Wagen und bringen mir die Flinte. Ich brauche sie jetzt. Vorsicht, sie ist geladen.

EDGAR   Was will er mit der Flinte.

HERBERT   Jetzt hat er Angst, der Scheißkerl, jetzt hat er richtig Angst.

EDGAR   Du bist zu besoffen, du triffst mich selbst dann nicht, wenn ich gefesselt vor dem Lauf stehe.

HERBERT   Die Wette nehme ich an.

EDGAR   Zuerst will ich meinen Anteil.

HERBERT   Ein miserabler Ingenieur, ein vorzüglicher Geschäftsmann.

EDGAR   Und außerdem schuldest du mir eine Rede.

HERBERT   Warum feierst du nicht, Evchen. Trink doch ein Glas. Da säufst du dir drei Jahre lang in aller Einsamkeit die Rübe weg, und kaum leisten wir dir Gesellschaft, sitzt du still in einer Ecke und rührst keinen Tropfen an. Hilf mir, Edgar, ich kann ihren Gesichtsausdruck nicht deuten. Ist das Seligkeit oder Verblüffung.

EDGAR   Sag du es mir.

HERBERT   Nein, was diese Züge bewegt, ist das schändlichste aller Laster, die verkommenste aller menschlichen Sünden, jene Kraft, die Welten errichtet und zerstört, Menschen dreimal über alle Ozeane treibt und in die Hölle schickt, Mütter ihre Kinder verstoßen lässt, Freunde zu Verrätern macht, Armeen zerschmettert, blühende Gärten in öde Wüsten verwandelt, kurz, die heilige, ewige Gier nach Geld.

EDGAR   Aha.

HERBERT   Doch für mich ist ihre Verkommenheit ein einziges Versprechen.

EDGAR   Du bist eine treue Seele.

HERBERT   Was könnte eine Frau mit einem solchen Laster ihrem Mann noch vorenthalten, sag mir das. Das ist eine süße Verheißung, denn welcher Sünde könnte sie sich noch schämen.

EDGAR   Du weißt, an Vorstellungskraft war ich dir immer unterlegen.

HERBERT   Noch haben wir kein Geld, vergiss das nicht. Zuerst müssen wir unsere Lizenz verkaufen. Deshalb sitzt sie da und bewegt sich nicht. Regungslos wie eine Katze, aus Angst, sie könnte im letzten Augenblick die Mäuse verschrecken, die vor ihr tanzen. Entspann dich, Evchen, freu dich, die Millionen sind uns sicher. Aber nichts. Kein Beben, kein Zittern, kein Zucken. Wir müssen es ihr schildern. Edgar.

EDGAR   Ich kann nicht schildern.

HERBERT   Wie groß ist das Vorkommen.

EDGAR   Keine Ahnung.

HERBERT   Ein paar Millionen Fass.

EDGAR   Es wird so sein.

HERBERT   Bloß eine klitzekleine Pfütze, vergleichsweise, habe ich recht.

EDGAR   Was immer du sagst, mein Geologe.

HERBERT   Kaum wert, dass man sie ausbeutet.

EDGAR   So.

HERBERT   Wie ihre Mundwinkel zuckten. Da war eine Panik, ein Schrecken, sie sah schon ihre Felle davonschwimmen. Aber keine Sorge, Liebes, in ein paar Tagen wirst du ein reiches Evchen sein. Edgar.

EDGAR   Was ist.

HERBERT   Was werden sie uns für die Lizenz bezahlen.

EDGAR   Ich habe keinen blassen Schimmer.

HERBERT   Achtzig, neunzig Millionen. Du jubelst nicht.

EDGAR   Hurra.

HERBERT   Du reißt dir die Kleider nicht vom Leib.

EDGAR   Ich will meine Rede. Ohne Rede feiere ich nicht weiter.

HERBERT   Dann geh nach Hause.

EDGAR   Ohne Rede gehe ich auch nicht nach Hause.

HERBERT   Wo bleibt Gomua. Ich brauche meine Flinte.

EDGAR   Lenk nicht ab.

HERBERT   Eine Rede willst du.

EDGAR   Du schuldest sie mir.

HERBERT   Gut. Ruhe. Verehrte Freunde. Ruhe. Was soll ich sagen. Was lange währt, wird endlich gut. Auch ein blindes Huhn findet einmal ein Korn. Durch Beständigkeit zu den Sternen. Wir sind vielleicht blöd, aber dumm sind wir gewiss nicht.

EDGAR   Großartig. Du übertriffst dich.

HERBERT   Das war die Einleitung. Edgar Bron. Du bist ein wahrer Freund. Zäh. Loyal. Humorvoll. Ruhe. Eva. Würdest du dich bitte für die folgenden Worte erheben. Edgar Bron. Wir danken dir. Du hast große Entbehrungen auf dich genommen. Deine Aufopferung beschämte uns, und in den Nächten, in denen wir das Morgenlicht ersehnten und uns die Fremdheit wie eine eiskalte Hand das Herz umgriff.

EDGAR   Langsam kommt er in Fahrt.

HERBERT   Ruhe. Da hast du uns mitgerissen, nicht mit feurigen Parolen, nur mit deiner schlichten, bescheidenen Art. Edgar hatte eine Aufgabe, und er erfüllte sie. Er bohrte seine Löcher. Eins ums andere, ein jedes mit derselben Ordentlichkeit, und er tat es mit Leidenschaft. Mit Liebe trieb er Tag für Tag sein langes Rohr in Mutter Erdes Schoß, und dabei lächelte er verzückt.

EDGAR   Danke, Herbert, es reicht.

HERBERT   Ruhe, sag ich. Edgar Bron. Sei gewarnt. Sei auf der Hut, wenn du dieses Land verlässt und in deine alte Heimat gehst. Sei schweigsam. Behalte deine große Tat für dich. Das Abendland wird sich nicht dankbar zeigen. Sie werden dein Öl verfeuern, den Sprit saufen und das Benzin verbrennen, doch erwarte kein Denkmal zu deinen Ehren und keine Hymne zu deinem Ruhm. Mit dem Finger werden sie auf dich zeigen, hinter deinem Rücken werden sie tuscheln. Welche Verbrechen er wohl begangen hat bei seiner Arbeit. Wie viele Flüsse hat er vergiftet, Kinder getötet, Kriege verschuldet bei seinem schändlichen Tun. Du hast ihre frierenden Ärsche vor dem Erkältungstod gerettet, Edgar, aber erwartete besser keine warmen Herzen. Sie werden dich nicht in ihre Stuben bitten. Ich sehe, die Gefühle übermannen dich.

EDGAR   Ich bin den Tränen nahe.

HERBERT   Dies hier soll dich trösten. Es gibt jemanden, der in mondklaren Nächten die Bohrtürme betrachten wird, dort, wo sich jetzt die Weiden der Erniedrigung erstrecken, und sie werden ihre Geweihe leise hin und her wiegen zum Dank für Ihre Befreiung.

EDGAR   Hinreißend.

HERBERT   Ruhe. Wenn dich die Menschen enttäuschen, dann denke an diese Tiere. Du hast sie befreit von ihren Peinigern. Wusstest du, Eva, wie sie die Tiere kastrieren. Mit einer Glasscherbe. Ohne Narkose, zack, schneiden sie ihnen den Sack ab. Doch ihre Tage sind gezählt. Bald werden die Bagger kommen, die Lastwagen, und bald werden auch die letzten Rentierfresser gewaschen und gekämmt sein, sie werden Arbeit finden auf den Ölfeldern, ordentliche, anständige Arbeit, ihre Kinder werden zur Schule gehen und mit intakten Zahnreihen der Welt ein Lächeln schenken, und wo jetzt noch ihre verrauchten Zelte stehen, finden sich schon bald die allerordentlichsten Häuser. Bald wird auch der letzte Rentierfresser eines leises Danke hauchen, doch bis dahin wisse, Edgar Bron, die Rentiere dieser Welt verneigen sich vor dir.

EDGAR   Gut. Ich hatte genug Reden für mein Leben.

HERBERT   Ich bin nicht fertig. Ja, er hat sich aufgeopfert, und im Gegensatz zu dir, Eva, hat ihn nicht die Geldgier angetrieben, nicht die Sehnsucht nach dem öden Zaster. Herr Edgar Bron ist ein feineres Gemüt.

EDGAR   Es reicht, Herbert.

HERBERT   Was ihn angetrieben hat, das war ein anderer Geruch, herber, einfacher, doch für manche nicht weniger verlockend, ein Duft, der die Sinne betört seit dem Anbeginn der Welt. Es ist das Bukett der weiblichen Vulva, der Duft eines salzigen, zuletzt am Vortag gewaschenen Fötzchens, diese hinreißende Mischung zwischen Ozean und Scheißhaus, die Marke, die jede Frau unsichtbar hinterlässt, durch welche Luft auch immer sie ihr Hinterteil bewegt.

EDGAR   Genug.

HERBERT   Und es waren nicht die Nutten Beryoks, nicht die Damen im Interconti, die unseren Edgar Bron verzauberten, es waren nicht die Zehn-Dollar-Mädchen, es war das einsame Fötzchen einer Europäerin, ein blasser Arsch, den anzubohren ihm verheißen war, und wie fein muss Edgars Nase sein, wenn er selbst diese in Schnaps konservierte Muschi riecht, wie fein, Eva, wie unsagbar fein. Ach, da bringt Gomua die Flinte.

EDGAR   Herbert. Mach keinen Unsinn.

HERBERT   Wir können uns an einem solchen Tag nicht mit Alkohol und ein paar schlechten Witzen begnügen. Wie oft hat uns dieser verfluchte Himmel in den letzten drei Jahren bepisst. Da wollen wir Gleiches mit Gleichem vergelten. Eine Rückerstattung an das Firmament. Wer mich mag, folgt mir in den Garten.

* * *

EDGAR   Eva. Hör zu. Ich weiß nicht.

EVA   Du hättest es ihm nicht sagen dürfen.

EDGAR   Ich habe ihm nichts gesagt. Du musst mir glauben.

EVA   Ich glaube dir nicht.

EDGAR   Was hätte ich denn davon. Es ist ja nichts passiert.

EVA   Nein, und es wäre auch nie etwas passiert.

EDGAR   Du hättest nicht.

EVA   Lieber hätte ich mich umgebracht.

EDGAR   Du hast mich nur benutzt.

EVA   Werd nicht sentimental.

EDGAR   Du hast sein Herz gebrochen, weißt du das. Er hat geheult, ins Kissen hat er geschluchzt. Er hat dich geliebt, Eva, er hat dich tatsächlich geliebt.

EVA   Und deshalb weiß er, dass ich niemals einen Waschlappen wie dich rangelassen hätte.

EDGAR   Er hat dich gewähren lassen. Er glaubt an die

Grundsätze der Marktwirtschaft. Wenn sie ihre Möse verkauft, dann soll ich ihre Möse haben.

EVA Das hat er nicht gesagt.

EDGAR Er hat noch ganz andere Dinge gesagt.

EVA Warum hat er dich nicht umgebracht.

EDGAR Weil er mich braucht. Ich bin Ingenieur. Und du. Was bis du. Was kannst du, Eva. Da. Jetzt schießt er tatsächlich Salven in den Himmel. Das muss ich mir ansehen.

* * *

ELSA Hörst du, wie sie schießen. Sie scheinen Spaß zu haben.

EVA Sie haben mich verschachert.

ELSA Jetzt weißt du, was du bist.

EVA Für ein paar Fässer Öl haben sich mich unter sich aufgeteilt.

ELSA Jetzt weißt du, was du bist.

EVA Eine Hure

ELSA Na.

EVA Eine dreckige, kleine Ölhure. Ich möchte mich fallenlassen. Bis ganz nach unten. Damit ich mich am Grund abstoßen kann.

ELSA Du bist noch nicht unten. Da fehlt noch ein ganzes Stück.

EVA Wir werden weggehen, von diesem schrecklichen Ort verschwinden.

ELSA Doch aus dir wird Beryok nicht verschwinden.

EVA Ich war unschuldig, hörst du, ich hatte eine unschuldige Seele. Ich will meine Seele zurück.

ELSA Dann hol sie dir. Du weißt, was du tun musst.

EVA Ich. Ich will nicht.

ELSA Und noch ein Salve. Du solltest dich auch vergnügen.

EVA Wie.

ELSA Mach dich hübsch. Zieh dich um.

EVA Das Nomadenkleid.

ELSA Du bist größer als diese Sterblichkeit, als diese Triebhaftigkeit. Sei unnachsichtig, verzeih nicht. Du wirst dich erheben über ihre Begierden, aus dem Gestank, den sie tragen wie eine zweite Haut, und ich sehe, wie sehr du ein Zeichen sein willst, ein Mentekel, ein Zeichen an der Wand. Warum sollst du ihnen vergeben. Wer hat dein Verständnis verdient und deine Nachsicht, Eva, was haben sie getan, das du verstehen sollst. Wem dienen sie. Wem nützen sie. Sie schaden nur. Niemand braucht sie. Denk nicht an dich. Dich können sie nicht verletzen. Sie sind zu klein und zu nichtig, um dir etwas anhaben zu können. Sie können dich nicht berühren. Vergiss dich. Vergiss deinen Namen. Prophetin. Vergiss und werde.

* * *

GOMUA Was ist das für ein Lärm.

HERBERT Keine Sorge, Gomua, die beiden leeren nur noch das Magazin. Lassen Sie ihnen die Freude.

GOMUA Sind das Schüsse.

HERBERT Wir haben etwas zu feiern, Gomua. So. Das wird die letzte Patrone gewesen sein. Jetzt ist wieder Ruhe.

HERBERT   Habt ihr euch ausgetobt.

EVA   Lass uns packen, Herbert, jetzt gleich.

HERBERT   Nur zu. Aber leg die Flinte weg.

EVA   Heute haben sie die Frau gehängt. Wusstest du das.

HERBERT   Welche Frau.

EVA   Die Brandstifterin. Auf dem Platz hinter dem Markt. Gomua hat es mir erzählt.

HERBERT   Hat dir das den Magen verdorben. Hast du deswegen nicht getrunken.

EVA   Sie soll jung gewesen sein.

HERBERT   Sie hat es verdient. Sie hat unseren Fahrer auf dem Gewissen.

EVA   Wenn ich die Augen schließe, sehe ich sie. Sie baumelt vor meinen Augen. Hin und her. Denkst du, das geht weg, irgendwann.

HERBERT   Es gibt für alles Spezialisten. Auch für baumelnde Erhängte in Damenhirnen. Wo bleibt Edgar.

EVA   Wohin werden wir gehen.

HERBERT   Geh, wohin dein Herz dich trägt.

HERBERT   Halte den Lauf tiefer, Herrgott, das Ding ist geladen.

EVA   Ich verstehe nicht.

HERBERT   Nächste Woche verkaufe ich meine Förderlizenz. Aber nicht den Chinesen, selbst wenn sie das Doppelte bezahlen. Die Chinesen haben einen entscheidenden Nachteil. Die Chinesen sind leider Chinesen. Ich habe nichts gegen Chinesen. Aber ich mag sie nicht. Hinzu kommt mein Bewusstsein für die Stabilität der Weltpolitik. Man muss sie zurückbinden, wo man kann, muss man die Chinesen zurückbinden.

So. Ich verkaufe an die Franzosen, oder an die Engländer, für, sagen wir, achtzig Millionen. Zwanzig Millionen gehen weg, zur Schuldentilgung, für die Waisen und die Witwen, macht sechzig Millionen, dreißig für Edgar, dreißig für uns. Du und ich. Wir machen halbe halbe. Fünfzehn für dich, fünfzehn für mich. Man soll nicht sagen, Herbert Kahmer begleiche seinen Rechnung nicht.

EVA Und dann.

HERBERT Es gibt weiter im Westen eine Gegend, von der wir uns eine Menge versprechen.

EVA Wir.

HERBERT Du weißt, wie das ist. Man gewöhnt sich aneinander, wenn man so eng ist, da will man nicht mehr alleine. Mein guter Edgar lässt mich nicht im Stich. Du hast dich verkauft, Eva.

EVA Ich habs für dich getan.

HERBERT Du hättest mich ein einziges Mal bitten müssen, und ich hätte von der Sache gelassen. Einmal. Wo bleibt Edgar.

EVA Edgar bleibt im Garten.

HERBERT Im Garten.

EVA Ich habe ihm in den Bauch geschossen.

HERBERT Eva.

EVA Bleib hier.

HERBERT Lass mich nach ihm sehen.

EVA Sterben kann er alleine.

HERBERT Eva. Ich habs nicht so gemeint. Lass uns über alles reden. Wir werden eine Lösung finden. Auch für Edgar da draußen. Wir haben Geld, Eva, verstehst du, das ändert alles.

EVA Du hättest das nicht sagen dürfen.

HERBERT Wir werden ein paar Beamte schmieren. Die

werden kein großes Aufheben machen. Nicht wegen eines toten Europäers.

EVA Du hättest die Prophetin nicht beleidigen dürfen. Sie ist für dich an den Galgen, für deine Sünden ist sie gestorben.

HERBERT Du bist verrückt geworden, Eva, du bist vollkommen verrückt geworden.

EVA Leg dich da hin.

HERBERT Bitte, Eva.

EVA Leg dich da hin, sag ich.

HERBERT Tu das nicht.

EVA Schließ die Augen. Siehst du sie. Wie sie da hängt. Siehst du sie.

HERBERT Eva.

EVA Ich sehe sie. Ich sehe die Prophetin.

*   *   *

EVA Gomua. Wo bin ich.

GOMUA Sie sind hier.

EVA Es ist zu Ende, nicht wahr.

GOMUA Ja, es ist zu Ende.

EVA Gut. Gomua. Ich hatte einen Traum.

GOMUA Ja.

EVA Aber jetzt bin ich erwacht.

GOMUA Gut.

EVA Ich muss nur die Augen öffnen. Gomua. Ich kann meine Augen nicht öffnen.

GOMUA Aber sie sind offen, Eva, sie sind doch offen.

Fin de la bobine.

Öl

Schauspiel

Uraufführung am 18. September 2009
Deutsches Theater Berlin

Intendanz	Ulrich Khuon
Regie	Stephan Kimmig
Bühne	Katja Haß
Kostüme	Katharina Kownatzki
Musik	Michael Verhovec
Dramaturgie	Sonja Anders

Besetzung

Nina Hoss	Eva
Susanne Wolff	Elsa
Felix Goeser	Herbert
Ingo Hülsmann	Edgar
Margit Bendokat	Gomua

Lukas Bärfuss
Meienbergs Tod
Die sexuellen Neurosen unserer Eltern
Der Bus

Wallstein Verlag 2005

Meienbergs Tod
Eine Groteske
Uraufführung am 20. April 2001
Theater Basel · Regie: Samuel Schwarz

Die sexuellen Neurosen unserer Eltern
Schauspiel
Uraufführung am 13. Februar 2003
Theater Basel · Regie: Barbara Frey

Weitere Inszenierungen:
Städtische Bühnen, Osnabrück; Nationaltheater Mannheim;
Stadttheater Gießen; Theater Graz; Schauspielhaus Bochum;
Staatstheater Stuttgart; Thalia Theater, Hamburg; Théâtre des
Capucins, Luxemburg; Ulmer Theater; Theater Basel;
Tribüne Berlin; Tiroler Landestheater Innsbruck

Der Bus (Das Zeug einer Heiligen)
Schauspiel
Uraufführung am 29. Januar 2005
Thalia Theater Hamburg · Regie: Stephan Kimmig

Weitere Inszenierungen:
Theater Bern; Theater Basel; DT Göttingen; Theater Ingolstadt;
Schauspielhaus Köln; Staatstheater Nürnberg; Schauspielhaus
Salzburg; Burgtheater, Wien; Schauspiel Wuppertal; Landes-
bühne Esslingen; Staatsschauspiel Dresden;
Staatstheater Karlsruhe; Kammerspiele Paderborn;
Staatstheater Braunschweig

Lukas Bärfuss

Alices Reise in die Schweiz
Die Probe
Amygdala

Wallstein Verlag 2007

Alices Reise in die Schweiz
Szenen aus dem Leben des Sterbehelfers Gustav Strom
Uraufführung am 4. März 2005
Theater Basel • Regie: Stefan Müller

Weitere Inszenierungen:
Theater Kiel, Vereinigte Bühnen Bozen,
Landestheater Coburg

Die Probe
(Der brave Simon Korach)
Uraufführung am 2. Februar 2007
Münchner Kammerspiele • Regie: Lars-Ole Walburg

Weitere Inszenierungen:
Niedersächsisches Staatstheater Hannover; Deutsches Theater
Berlin; Staatstheater Wiesbaden; Theater Bern; Burgtheater
Wien; Theater Bautzen; Staatstheater Nürnberg; Junges Theater
Göttingen; Schauspielhaus Salzburg; Vorarlberger Landestheater
Bregenz

Amygdala
Vollständige Fragmente einer unvollständigen Stadt
Uraufführung am 5. Mai 2009
Thalia Theater Hamburg • Regie: Stephan Kimmig

Weitere Inszenierungen:
Schauspielhaus Wien

Lukas Bärfuss
Hundert Tage. Roman
Wallstein Verlag 2008

»Was für ein ungeheures Buch! So etwas wird in deutscher Sprache nur selten geschrieben. Ein hochpolitischer Roman, der sich nicht in schnellen, vorgefertigten Schuldsprüchen erschöpft und einem schon damit die Ruhe rauben kann.«
Uwe Wittstock, Die Welt, 8. März 2008

»Bärfuss blickt tief ins Herz der Finsternis. Was er sieht, kann niemanden gefallen; aber es macht »Hundert Tage« zu einem großen, aufwühlenden Roman.«
Martin Halter, Tages-Anzeiger, 12.3.2008

»Lukas Bärfuss erzählt schnörkellos und gerade heraus. Er organisiert ein furchtbares Stück Zeitgeschichte bildstark, aber ohne aufzutrumpfen.«
Verena Auffermann, Die Zeit, 13.3.2008

»›Hundert Tage‹ ist ein Buch von höchster Konzentration, gepaart mit Eleganz und politischer Leidenschaft.«
Beat Mazenauer, Der Landbote, 28.2.2008

»Wie Menschen damit umgehen, dass sie immer nur eines von zwei Übeln wählen können, ohne die Folgen ihres Tuns abschätzen zu können, davon handelt dieser erstaunliche Roman.«
Roman Bucheli, Neue Zürcher Zeitung, 12.4. 2008

»In einer Zeit ständig neu erscheinender historischer Familienromane wirkt ein Gegenwartsbuch wie »Hundert Tage« einfach sehr dringend, sehr richtig und gar nicht gutgemeint.«
Tobias Rüther, FAZ 12.04.2008

Bibliografische Information der Deutschen Nationalbibliothek
Die Deutsche Nationalbibliothek verzeichnet diese Publikation
in der Deutschen Nationalbibliografie; detaillierte bibliografische
Daten sind im Internet über http://dnb.d-nb.de abrufbar.

3. Auflage 2021
© Wallstein Verlag, Göttingen 2009
www.wallstein-verlag.de
Alle Aufführungs- und medialen Rechte liegen bei der
HARTMANN & STAUFFACHER GmbH
Vom Wallstein Verlag gesetzt aus der Stempel Garamond
Umschlaggestaltung: Susanne Gerhards, Düsseldorf
Druck: Hubert & Co, Göttingen
ISBN 978-3-8353-0534-2